HISTOIRE GÉNÉRALE
DES ORDRES
DE CHEVALERIE
CIVILS ET MILITAIRES.

J'ai déposé à la bibliothèque impériale les exemplaires voulus par la loi, pour m'assurer de la propriété de cet ouvrage.
Paris le 14 janvier 1811.
Fiton
l'auteur

HISTOIRE GÉNÉRALE
DES ORDRES
DE CHEVALERIE
CIVILS ET MILITAIRES

EXISTANS EN EUROPE

CONTENANT L'ORIGINE DE LEUR FONDATION
LES STATUTS PRINCIPAUX QUI EN SONT LA BASE
ET LA NOMENCLATURE OFFICIELLE
DES CHEVALIERS FRANÇAIS ET ÉTRANGERS QUI EN SONT DÉCORÉS

AVEC DES GRAVURES EN TAILLE-DOUCE
QUI REPRESENTENT DANS TOUTE LEUR GRANDEUR ET PERFECTION
LES CORDONS, PLAQUES, ET CROIX QUI CARACTERISENT CHAQUE ORDRE.

Par M. V*****

A PARIS
CHEZ L'AUTEUR, RUE DE LA VRILLIÈRE, N° 10.
DE L'IMPRIMERIE DE P. DIDOT L'AÎNÉ.

M. DCCCX.

À SA MAJESTÉ

LE ROI DE WURTEMBERG.

Sire,

Les grandes institutions dont cet Ouvrage retrace le souvenir sont dues à la magnanimité et à la munificence de Votre Majesté; en créant des Ordres de Chevalerie, Elle a voulu allumer, au sein de sa noblesse et de ses peuples, un foyer d'honneur et de gloire, qui, en illustrant la génération présente, se perpétuât dans les générations à venir; Elle a voulu que le magistrat prudent, équitable et éclairé, que le soldat brave et expérimenté, que l'historien modeste, fidèle et savant, que l'artiste vigilant et industrieux, vinssent se presser autour de son trône, pour y recevoir de sa main généreuse et rémunératrice les récompenses honorables que, dans sa sagesse profonde, Elle ne décerne qu'au mérite.

Faire un tel usage du pouvoir que Dieu concède aux Rois, c'est honorer l'homme, c'est le placer à son véritable rang ; c'est enfin mériter, SIRE, le titre glorieux de Bienfaiteur et de Modèle du genre humain.

Heureux le Monarque à qui l'Histoire peut rendre un tel hommage!

Daignez recevoir, SIRE, sous vos gracieux auspices, l'Ouvrage que j'ai l'honneur de Vous présenter.

Je suis avec respect,

SIRE,

DE VOTRE MAJESTÉ,

Le très humble et très
obéissant serviteur,
V****

HISTOIRE GÉNÉRALE
DES
ORDRES DE CHEVALERIE
CIVILS ET MILITAIRES
EXISTANS EN EUROPE.

ROYAUME DE WURTEMBERG.

GRAND ORDRE ROYAL DE L'AIGLE D'OR.

CHAPITRE PREMIER.

Le Grand Ordre Royal de l'Aigle d'or fut institué sous la dénomination de Grand Ordre de S. Hubert, ou de la Chasse, en 1702, par Eberhard-Louis, Duc de Wurtemberg, alors régnant.

Il compte depuis sa fondation près de quatre cents Chevaliers, parmi lesquels se trouvent plusieurs têtes couronnées et princes souverains.

Il faut, pour l'obtenir, être de la plus haute naissance, revêtu d'un emploi qui y soit analogue, ou du mérite le plus distingué.

La différence de religion n'est pas un motif d'exclusion.

Les serviteurs du Roi le reçoivent, soit à titre de récompense de services signalés rendus au souverain ou à l'Etat, soit en témoignage de sa bienveillance toute particuliere.

Lorsque Frédéric I*er*, Roi de Wurtemberg, aujourd'hui régnant, se revêtit, en 1806, de la dignité royale, il jugea nécessaire d'y adapter cet ancien Ordre de sa maison, ainsi que ses décors. Il lui donna de nouveaux statuts calqués en partie sur les anciens, et en changea la dénomination primitive, d'*Ordre de S. Hubert,* ou *de la Chasse,* en celle de GRAND ORDRE ROYAL DE L'AIGLE D'OR.

Cet Ordre n'a point de classe, et les personnes qui en sont décorées portent toutes le titre de Chevaliers de l'Ordre.

La devise est,

VIRTUTIS AMICITIAEQUE FOEDUS.

Elle annonce le but et l'objet de son institution. La pratique de la vertu, l'honneur, l'union et l'amitié entre les membres, telles sont les règles fondamentales que leur prescrivent les statuts.

Le nombre des Chevaliers est fixé à cinquante, non compris les souverains et les membres de la famille royale. Il dépend cependant du Roi de l'augmenter.

D'après les statuts, les Princes fils du Roi le reçoivent d'abord après le baptême; les Princes fils du Prince Royal héréditaire de la couronne de Wurtemberg, à l'âge d'un an; les Princes fils puinés de S. M., ou les Princes petit-fils de S. A. R. le Prince héréditaire de la couronne, à l'âge de sept ans; et les autres Princes de la maison royale, à l'âge de quatorze ans. Le Roi néanmoins a le droit d'anticiper ces termes.

L'Ordre ne peut être donné pendant une minorité de regne.

GRAND ORDRE ROYAL DE L'AIGLE D'OR.

Les Chevaliers de l'Ordre du Mérite civil qui sont admis dans la suite dans le Grand Ordre Royal de l'Aigle d'or, doivent déposer les décorations du premier Ordre, pour ne porter que celles du Grand Ordre Royal.

Le Roi est Grand-Maître et Chef souverain de l'Ordre.

Les décorations du Grand Ordre Royal de l'Aigle d'or consistent,

En une croix d'or à huit pointes, émaillée de rubis, bordée d'or, anglée d'aigles d'or, ornée dans les angles de chaque croisillon, d'un cor de chasse émaillé de rouge et soutenu par un ruban d'or. Son centre est un écusson rond, fond vert, chargé du chiffre du fondateur, $\mathcal{R}$, en lettres d'or, couronné d'or (voyez planche n° 1, fig. A).

Le revers de la croix n'a de différence que dans l'intérieur de son écusson rond, qui, au lieu d'être chargé du chiffre, $\mathcal{R}$, est chargé d'une aigle d'or éployée (voyez planche n° 1, fig. B).

Cette croix s'attache à un nœud en forme de rose au bas d'un large cordon ponceau moiré qui se met de la gauche à la droite par-dessus l'épaule (voyez planche n° 1, fig. A).

La plaque qui se porte sur le côté gauche de l'habit est à huit pointes, rayonnée en lames d'argent bordées alternativement d'un cordonnet d'argent. Elle a dans son centre un écusson rond, fond vert, chargé de la croix de l'Ordre, qui se trouve entourée de la devise, *Virtutis amiticiæque fœdus*, en lettres d'or (voyez planche n° 2, fig. A).

Les jours de grandes solennités de cour, et celui du 6 mars de chaque année, fixé par les statuts pour la tenue du chapitre général de l'Ordre, les Chevaliers paraissent dans leur grand costume.

Ce grand costume consiste en un habit de velours vert, avec paremens et veste de drap d'or, culotte de même velours, souliers noirs avec nœuds de rubans blancs en forme de roses, au lieu de boucles, tant aux souliers qu'aux jarretières.

L'habit est doublé de satin blanc et décoré de la plaque de l'Ordre.
Le cordon se porte par-dessus l'habit.

Un grand manteau de velours ponceau, doublé de satin blanc, décoré de la grande plaque de l'Ordre, avec un grand collet de drap d'or, retombant sur les épaules; se met par-dessus l'habit.

Les Chevaliers d'un grade militaire portent la dragone; les autres attachent à leur épée un nœud de ruban rouge et or.

Le chapeau est retapé à l'espagnol; il est de velours noir; il a sur le devant une cocarde rouge avec ganse et bouton d'or; trois plumes sur le devant, dont deux blanches et une rouge, en font l'ornement.

Les Chevaliers ont les cheveux flottans.

Par-dessus le manteau se met le grand collier de l'Ordre.

Ce collier se compose d'une chaîne d'or formée par des médaillons d'or, fond vert, chargés les uns de trois cors de chasse d'or, les autres du chiffre d'or $\mathcal{R}$ couronné; deux de ces médaillons se suivent immédiatement, et après eux vient une aigle d'or éployée. Le collier est terminé en bas par deux de ces aigles, auxquelles est attachée la grande croix de l'Ordre (voyez planche n° 2, fig. B. B.).

CHAPITRE II.

Grand-Maître et Chef souverain de l'Ordre.

S. M. le Roi DE WURTEMBERG.

CHAPITRE III.

Chevaliers de la Maison Royale de Wurtemberg.

S. A. R. le Prince Royal Frederic-Guillaume-Charles, héritier présomptif de la couronne.

GRAND ORDRE ROYAL DE L'AIGLE D'OR.

S. A. R. le Prince Paul-Charles-Frédéric-Auguste, second fils du Roi.

S. A. S. Mgr le Duc Louis-Frederic-Alexandre, frère du Roi.

S. A. S. Mgr le Duc Eugène-Frederic-Henri, frère du Roi.

S. A. S. Mgr le Duc Frederic-Guillaume-Philippe, frère du Roi.

S. A. S. Mgr le Duc Ferdinand-Frederic-Auguste, frère du Roi.

S. A. S. Mgr le Duc Alexandre-Frederic-Charles, frère du Roi.

S. A. S. Mgr le Duc Henri-Frederic-Charles, frère du Roi.

S. A. S. Mgr le Prince Adam-Charles-Guillaume-Stanislas-Eugène-Paul-Louis, neveu du Roi.

S. A. S. Mgr le Prince Ferdinand-Eugène-Charles-Paul-Louis, neveu du Roi.

S. A. S. Mgr le Prince Frederic-Paul-Guillaume, neveu du Roi.

S. A. S. Mgr le Prince Frederic-Charles-Auguste, petit-fils du Roi.

CHAPITRE IV.

TÊTES COURONNÉES, ET PRINCES SOUVERAINS.

Chevaliers.

S. M. NAPOLÉON Ier, Empereur des Français, Roi d'Italie.

S. M. MAXIMILIEN-JOSEPH, Roi de Bavière.

S. M. le Roi LOUIS-NAPOLÉON.

S. M. le Roi de Westphalie JÉROME-NAPOLÉON.

S. A. R. Mgr LOUIS-CHARLES-AUGUSTE, Prince Royal de Bavière.

S. A. I. et R. Mgr NAPOLÉON-LOUIS, Grand-Duc de Berg.

S. A. S. Mgr FRANÇOIS, Duc de Mecklenbourg-Schwérin.

ROYAUME DE WURTEMBERG.

CHAPITRE V.

Chevaliers d'après l'ancienneté de leur nomination.

S. Exc. M. Frédéric-Emich-Jean, Baron d'Uxkull-Gillenbrand, Ministre d'Etat du Roi de Wurtemberg, et Grand-Maître du collège illustre à Tubingue.

S. A. S. Mgr le Prince Charles-Alexandre De la Tour et Taxis.

S. Exc. M. Philippe-Frédéric-Charles, Comte de Puckler, Général de cavalerie titulaire du Roi de Wurtemberg.

S. A. S. Mgr le Prince Herman-Frédéric-Otton de Hohenzollern-Hechingen.

S. Exc. M. Christophe-Albrecht, Baron de Seckendorf, Conseiller-privé actuel du Roi de Wurtemberg.

S. Exc. M. Charles-Auguste, Baron de Seckendorf.

S. Exc. M. Alexandre-Ernest, Baron Sehenk de Geyern, Conseiller-privé actuel du Roi de Wurtemberg, et Grand-Maître de S. M. la Reine.

S. Exc. M. Chrétien-Frédéric, Baron de Behr, Conseiller-privé actuel du Roi du Wurtemberg, et Grand-Maréchal de la cour.

S. Exc. M. Rodolphe-Auguste-Lebrecht, Baron de Taubenheim, Conseiller-privé actuel du Roi de Wurtemberg, et président de la Cour suprême des appels.

S. A. S. Mgr Charles-Kraft-Louis, Prince d'OEttingen-Wallerstein.

S. A. S. Mgr Frédéric-Kraft-Henri, Prince d'OEttingen-Wallerstein.

S. Exc. M. Charles-Louis-George, baron de Woellwartz.

S. A. S. Mgr Charles, Prince de Hohenlohe-Bartenstein-Jaxtberg.

S. Exc. M. Albert-Frédéric-Charles, Comte de Castel-Remlingen.

S. Exc. M. Jean-Charles-Christophe, Baron de Seckendorf, Ministre d'Etat du Roi de Wurtemberg.

GRAND ORDRE ROYAL DE L'AIGLE D'OR.

S. Exc. M. Ulric-Lebrecht, Comte de Mandesloh, Ministre d'Etat et des finances du Roi de Wurtemberg.

S. Exc. M. Philippe-Chrétien, Comte de Normann-Ehrenfels, Ministre d'Etat et de l'intérieur du Roi de Wurtemberg.

S. Exc. M. Georges-Ernest-Levin, Comte de Wintzingerode, ancien Ministre d'Etat et du cabinet, ancien Grand-Chancelier des Ordres du royaume, et Ministre plénipotentiaire actuel de S. M. le Roi de Wurtemberg près S. M. l'Empereur des Français, Roi d'Italie.

S. A. S. Mgr François-Charles-Joseph, Prince de Hohenlohe-Schillingsfurst, ancien Grand-Doyen du chapitre d'Ellwangen.

S. A. S. Mgr Joseph-Aloys, Prince d'Oettingen-Oettingen et Oettingen-Spielberg.

S. Exc. M. Auguste-Charles-Henri, Baron de Beulswitz, Général de cavalerie, au service du Roi de Wurtemberg.

S. Exc. M. François, Comte de Jenisson-Wallworth, Conseiller-privé actuel du Roi de Wurtemberg, Grand-Chambellan.

S. Exc. M. Adolphe-Guillaume-Théophile, Baron de Munckausen, Conseiller-privé du Roi de Wurtemberg, et Maréchal de la cour.

S. Exc. M. Maximilien-Constantin, Baron de Wurmser, Conseiller-privé actuel du Roi de Wurtemberg, et Grand-Maître.

S. A. S. Mgr François, Prince de Salm-Reiferscheid-Krautheim.

S. Exc. M. Frédéric-Charles, Comte de Loewenstein-Wertheim.

S. A. S. Mgr le Duc de Plaisance, Prince Archi-Trésorier de l'Empire français.

S. A. S. Mgr le Prince de Neufchatel et de Wagram.

S. A. S. Mgr le Prince de Benevent.

S. Exc. M. le Duc de Cadore, Ministre des relations extérieures de France.

S. Exc. M. le Duc de Walmy, Maréchal-Grand-Officier de l'Empire français.

ROYAUME DE WURTEMBERG.

S. Exc. M. le Duc de Raguse, Maréchal-Grand-Officier de l'Empire français.

S. Exc. M. le Duc d'Istrie, Maréchal-Gr.-Officier de l'Empire français.

S. Exc. M. le Duc de Frioul, Grand-Maréchal du palais de France.

S. Exc. M. le Comte Lemarrois, Général de division, Aide-de-camp de S. M. l'Empereur des Français, Roi d'Italie.

S. Exc. M. le Duc d'Otrante, Sénateur, et ancien Ministre de la police générale de l'Empire Français.

S. Exc. M. le Comte d'Harville, Sénateur, et Grand-Aigle de la Légion d'honneur de France.

S. Exc. M. le Comte de Ségur, Grand-Maitre des cérémonies de France.

S. Exc. M. le Comte de Nansouty, Général de division et premier Ecuyer de S. M. l'Empereur des Français.

S. Exc. M. le Comte de Gavre, Chambellan de S. M. l'Empereur des Français.

S. Exc. M. le Comte Regnaud de Saint-Jean-d'Angely, Ministre d'Etat, et Secrétaire de l'état de la Famille Impériale de France.

S. A. S. Mgr Chrétien-Frédéric-Charles, Prince de Hohenlohe-Langenbourg-Kirchberg.

S. A. S. Mgr Maximilien-Wunibald, Prince de Waldbourg-Zeil-Truchsess.

S. A. S. Mgr Joseph-Antoine, Prince de Waldbourg-Wolfegg.

S. Exc. M. Le Camus, Comte de Furstenstein, Ministre des relations extérieures de S. M. le Roi de Westphalie.

S. A. S. Mgr Charles-Albert, Prince de Hohenlohe-Schillingsfurst, Lieutenant-général et Capitaine des gardes de S. M. le Roi de Wurtemberg.

S. Exc. M. de Roell, ancien Ministre des relations extérieures du royaume de Hollande.

S. Exc. M. de Winter, ancien Amiral au service de Hollande.

S. Exc. M. Van der Goes, Grand-Chancelier de l'Ordre de Hollande.

S. Exc. M. Charles-Louis-Auguste, Comte de Taube, Ministre d'Etat et du cabinet de S. M. le Roi de Wurtemberg, Ministre des relations extérieures et de la police.

S. Exc. M. Ernest-Eugene, Comte de Goerliz, Conseiller-privé actuel du Roi de Wurtemberg, et Grand-Ecuyer.

S. Exc. M. Maximilien-Emmanuel, Baron de Rechberg et de Rothen-Loiven, Conseiller-privé actuel, Grand-Chambellan, et Ministre d'Etat de S. M. le Roi de Bavière.

S. Exc. M. Jean-Théodore-Henri, Comte Topor-Morasvitzky, Chambellan, Ministre d'Etat et des conférences de S. M. le Roi de Bavière.

S. Exc. M. Antoine, Comte de Toerring-Secfeld, Chambellan, Conseiller-privé actuel et Grand-Maître du Roi de Bavière.

S. Exc. M. Philippe-Jules de Zuylen de Hyewelt, ancien Maréchal et Grand-Chambellan de S. M. le Roi de Hollande.

CHAPITRE VI.

Grands Dignitaires de l'Ordre.

S. Exc. M. Charles-Louis-Auguste, Comte de Taube, Ministre d'Etat et du cabinet, Ministre des relations extérieures et de la police; Grand-Chancelier de l'Ordre.

S. Exc. M. Charles-Louis, Baron de Kniestedt, Conseiller-privé actuel Grand-Maître des cérémonies, Grand-Croix de l'Ordre Royal du Mérite civil; Maître des ceremonies de l'Ordre.

S. Exc. M. Frédéric-Théophile de Suskind, Prélat du royaume de Wurtemberg, Grand-Aumonier de la cour; Prelat de l'Ordre.

S. Exc. M. Jean-Henri de Menoth, Conseiller-intime, Directeur de la Chancellerie du Ministre des relations extérieures, premier Conseiller de ce département, Directeur du Conseil suprême de censure, Commandeur de l'Ordre du Mérite civil; SECRETAIRE DE LA CHANCELLERIE DE L'ORDRE.

S. Exc. M. Chrétien-Louis-Auguste DE WELLNAGEL, Secrétaire d'Etat, Grand-Croix de l'Ordre du Mérite civil; TRESORIER DE L'ORDRE.

M. Jean-Eberhard SCHOTT, Conseiller de Légation; REGISTRATEUR DE L'ORDRE.

ORDRE DU MÉRITE MILITAIRE.

CHAPITRE PREMIER.

Charles-Eugène, Duc de Wurtemberg, régnant en 1759, institua cet Ordre pour récompenser et encourager les militaires qui se dévouent au service du souverain. Il lui donna la dénomination d'Ordre Militaire de S. Charles.

S. M. le Roi de Wurtemberg, Frédéric Iᵉʳ, aujourd'hui régnant, jugea à propos de renouveler cet Ordre en 1799, et d'en changer la dénomination en celle d'Ordre Militaire de Wurtemberg, comme plus conforme au but de son institution.

L'Ordre est divisé en trois classes :

1° Celle des Grands-Croix ;

2° Celle des Commandeurs, subdivisée en deux classes ;

3° Celle des Chevaliers.

Pour être admis dans la première classe, il faut, d'après les statuts, avoir commandé en chef un corps d'armée contre l'ennemi.

Vingt-cinq années de service militaire, en qualité d'officier, donnent droit à la décoration de troisième classe. Des services signalés contre l'ennemi font anticiper cette époque, soit dans les deux classes de Commandeurs, soit dans celle de Chevaliers. Il dépend aussi du bon plaisir du Roi d'accorder des décorations à ceux de ses sujets qu'il en croit dignes, avant la résolution des vingt-cinq années de service.

La différence de religion et de naissance ne présente pas de motifs d'exclusion.

ROYAUME DE WURTEMBERG.

L'Ordre donne la noblesse personnelle.

Les étrangers sont, comme les serviteurs du Roi, habiles à le recevoir, et des militaires de toutes les nations et du grade le plus élevé en sont décorés.

Le chapitre général de l'Ordre se tient solennellement chaque année, le 6 novembre.

Tous les candidats aspirant à la croix de Chevalier, qui est la seule pour laquelle on puisse faire valoir ses droits, adressent leur demande au chapitre général, qui la soumet ensuite au Roi; lequel en décide souverainement.

Aucune nomination ne peut avoir lieu pendant une minorité de regne.

La devise de l'Ordre est,

BENE MERENTIBUS.

Ce qui prouve évidemment qu'elle ne s'accorde qu'au mérite.

La grande croix de l'Ordre est émaillée de blanc, à huit pointes pommetées d'or, anglée de flammes d'or; au centre est un écusson rond fond bleu, chargé du chiffre d'or ℛ, couronné d'or; surmontée d'une couronne d'or qui la tient suspendue à un large ruban jaune liséré de noir, qui se porte de la gauche à la droite (voyez planche n° 3, fig. A).

Le revers de la croix, au lieu d'être chargé dans son écusson du chiffre royal ℛ, présente les lettres d'or W, surmontées d'une couronne d'or.

La grande plaque qui se porte sur le côté gauche de l'habit est d'argent, à huit pointes bordées d'or, anglée de flammes d'or brodées en paillettes; son centre est un écusson rond, fond bleu, chargé du chiffre royal d'or ℛ, couronné d'or. Sur les branches de la plaque on lit la légende de l'ordre, *Bene merentibus*, écrite en lettres d'or (voyez planche n° 3, fig. B).

La croix de Commandeur se porte en sautoir à un ruban jaune

liséré de noir, mais plus étroit que celui des Grands-Croix (voyez planche n° 3 fig. C).

Les Commandeurs de la première classe sont distingués par un sabre d'honneur doré, auquel est attachée la croix de Commandeur.

La croix de simple Chevalier diffère de celle des Grands-Croix et des Commandeurs, en ce qu'elle n'est pas surmontée de la couronne royale ; elle se porte à la boutonnière, attachée à un ruban jaune liséré de noir, plus étroit que celui des Commandeurs (voyez planche n° 3, fig. D).

L'Ordre n'a pas de costume particulier.

CHAPITRE II.

Grand-Maître et Chef souverain de l'Ordre.

S. M. le Roi DE WURTEMBERG.

CHAPITRE III.

Grands-Croix de l'Ordre.

MAISON ROYALE DE WURTEMBERG.

S. A. R. le Prince Royal DE WURTEMBERG, fils aîné du Roi.
S. A. S. le Duc LOUIS DE WURTEMBERG, frère du Roi.
S. A. S. le Duc EUGÈNE DE WURTEMBERG, frère du Roi.
S. A. S. le Duc GUILLAUME DE WURTEMBERG, frère du Roi.
S. A. S. le Duc HENRI DE WURTEMBERG, frère du Roi.

Commandeurs.

S. A. S. le Duc FERDINAND DE WURTEMBERG, frère du Roi.
S A. S. le Duc ALEXANDRE DE WURTEMBERG, frère du Roi.

Chevalier.

S. A. R. le Prince Paul de Wurtemberg, second fils du Roi.

CHAPITRE IV.
Tête couronnée Grand-Croix de l'Ordre.

S. M. JÉROME NAPOLÉON, Roi de Westphalie.

CHAPITRE V.
Grands-Croix de l'Ordre d'après l'ancienneté de leur nomination.

S. Exc. M. Ferdinand-Frédéric, Baron de Nicolaï, Général Feldzeugmeistre au service du Roi de Wurtemberg.

S. Exc. M. Frédéric-Louis-Abcdar, Baron de Seckendorf, Général de cavalerie au service de Wurtemberg.

S. Exc. M. Lefebvre, ancien Général au service de France, Grand-Ecuyer du Roi de Westphalie.

S. Exc. M. le Comte d'Unsebourg, Général de division au service de France.

S. Exc. M. Frédéric, Baron de Cammrer, Général Feldzeugmeistre au service de Wurtemberg.

S. Exc. M. le Comte de Montbrun, Général de division au service de France.

CHAPITRE VI.
Commandeurs de première classe.

MM.

Auguste de Hugel, Général-Major.
Joseph de Theobald, Général-Major.
George de Sehecler, Général-Major et Brigadier.

CHAPITRE VII.

Commandeurs de deuxième classe.

MM.

Lebrecht Frédéric-Auguste, Baron DE PHULL, Lieutenant-général au service de Wurtemberg, commandant de Stuttgart.

DE VAQUANT, Général au service d'Autriche.

Otto-Guillaume-Alexandre, Baron DE RAU, Lieutenant-général au service de Wurtemberg.

Auguste-Charles-Henri, Baron DE BEULWITZ, Général Feldzeugmeistre au service de Wurtemberg, Gouverneur de Stuttgart.

DE PROHASKA, Colonel au service d'Autriche.

Frédéric-Charles-Théophile, Baron DE VARNBUHLER, Lieutenant-génégal, Gouverneur de Louisbourg.

Charles-Louis, Baron DE LILIENBERG, Gouverneur de la forteresse d'Asperg.

Le Camus, Comte DE FURSTENSTEIN, Secrétaire d'Etat et Ministre des relations extérieures du Roi de Westphalie.

Frédéric-Auguste, Baron DE PFULL, Lieutenant-général au service de Wurtemberg.

Frédéric, Baron DE FRANQUEMONT, Général-Major.

Guillaume-Jean-Chrétien, Baron DE FORSTNER, Général-Major.

Le Comte DE LOEBAW, Général au service de France, et Aide-de-camp de S. M. l'Empereur.

Guillaume-Louis DE SEHNADON, Colonel et Commandant d'Artillerie.

George-Frédéric DE SCHARFFENSTEIN, Général-Major et Brigadier.

Félix DE BRUSSEL, Colonel et Commandant de bataillon.

DE NEUFFER, Colonel.

MM.

Baron DE Wollevarth, Lieutenant-général.
DE Wolf, Colonel.
DE Kerner, Colonel.
DE Monthion, Général au service de France.
Ernest de Hugel, Genéral-Major.
DE Koscriz, Général-Lieutenant.
DE Stockhorn, Colonel au service du Grand-Duc de Bade.
DE Walsleben, Général-Major au service du Roi de Wurtemberg.
DE Jett, *idem.*
Comte DE Waldbourg-Wurzach, Colonel au même service.
DE Koch, Général-Major.
DE Lalance, Colonel.
DE Derubach, *idem.*
DE Brunnicg, *idem.*

CHAPITRE VIII.

Chevaliers d'après l'ancienneté de leur nomination.

Alexandre-Ernest, Baron Sehenk de Geyern, Grand-Maitre de S. M. la Reine de Wurtemberg.
François-Xavier DE Luctreuter, Général-Major pensionné, au service de Wurtemberg.
DE Dobeneck, ci-devant Major au service de Wurtemberg.
Frédéric-Philippe-Charles, Comte DE Puckler, retiré du service de Wurtemberg avec rang de Général Feldzeugmeistre.
Charles-Joseph, Baron DE Lassberg, Maréchal de la cour de Furstemberg.
Louis-Frédéric-Eberhard, Comte DE Sponeck, Général-Major pensionné du Roi de Wurtemberg.

ORDRE DU MÉRITE MILITAIRE.

MM.

George-Louis, Baron d'Oberniz, Général-Major du Roi de Wurtemberg.

Jean-Georges-Ulrich-Auguste, Baron de Doering, Colonel au service de Wurtemberg, et Commandant de Louisbourg.

Frédéric-Guillaume, Baron Pergler de Perglas, Colonel et Commandant de bataillon.

Théophile-Frédéric, Baron de Gaisberg, Major.

Jean-Frédéric Stettner, Baron de Grabenhofen, Colonel.

Frédéric-Jean-Louis-Philippe d'Irmtraut, Lieutenant-Colonel pensionné.

Henri-Eberhrard de Romig, Lieutenant-général.

Rheinard-Charles-Frédéric de Scipio, Colonel pensionné.

Théophile-Frédéric de Vcaso, Lieutenant-Colonel pensionné.

Christophe-Daniel de Stowen, Colonel pensionné.

Jules-Philippe-Guillaume de Stetten, Major et Commandant de la forteresse de Hohen-Neuffen.

Jacques-Frédéric de Roesch, Ingénieur-Major.

De Salkenstein, ancien Capitaine de dragons du contingent du cercle de Souabe.

Jean-Frédéric-Laurent de Held, Major pensionné du Roi de Wurtemberg.

D'Hanthon, Capitaine des ingénieurs au service de l'Empereur d'Autriche.

De Henneberg, Major au service d'Autriche.

Wiesner de Wiesenheim, Capitaine au service d'Autriche.

Jean-Philippe de Gros, Général-Major et Commandant d'Ellwangen.

Chrétien-Jacques de Schweikhec, Major.

Frédéric-Guillaume, Baron de Wiesenhutten, Conseiller-privé actuel du Roi de Wurtemberg, et Lieutenant du corps des trabans.

ROYAUME DE WURTEMBERG.

MM.

Ferdinand, Baron DE VARNBUHLER, Colonel retiré du service de Wurtemberg.

Hellmuth, Baron DE LEPPEL, ancien Capitaine au service de Wurtemberg.

Ernest-Charles-Henri DE ROMAN, Colonel retiré du service de Wurtemberg.

DE VARICOURT, Colonel au service du Grand-Duc de Francfort, Prince Primat de la confédération du Rhin.

George-Marc DE BAUSCH, Capitaine d'artillerie.

Charles-Frédéric DE BLEIBEL, Colonel.

Constantin-François DE DEMBACH, Lieutenant-Colonel.

DE MONTBRUN, Colonel au service de France.

Chrétien-Frédéric, Baron DE STETTNER, Général-Major.

Geoffroy-Daniel, Baron DE ZIETHEN, colonel pensionné.

Jean-Louis DE CORNOTTE, Colonel et Commandant d'un régiment.

Frédéric Rheinoald, Baron DE ROEDER, ancien Général-Major.

Louis-Frédéric DE BRENNING, Colonel et Commandant d'un régiment de cavalerie.

Charles, Comte DE NORMANN-EHRENFELS, Lieutenant-Colonel.

Balthasar DE STACKLOFF, Major.

Louis-Frédéric DE STOCKMEYER, Lieutenant-Colonel.

Charles-Henri DE SCHEIDENMANTEL, Major.

François-Charles-Chrétien, Baron DE BEULWITZ, Colonel d'état-major.

Charles DE LA LANCE, Lieutenant-Colonel.

DE HALGAN, Capitaine de vaisseau.

MEYRONET, Capitaine de frégate.

SALHA, *idem.*

REUBEL, Colonel.

GIRARD, Lieutenant-Colonel.

ORDRE DU MÉRITE MILITAIRE.

MM.

Ducoudras, Lieutenant-Colonel au service de France.

d'Esterno, Chambellan du Roi de Westphalie.

Xavier de Spitzenberg, Major.

Louis-Guillaume de Koscriz, Général-Major.

Chrétien-Jean de Koch, Colonel.

De Monthion, Aide-de-camp-général du Prince de Neuchâtel.

Le Baron de Blein, Colonel au service de France.

Le Jeance, Lieutenant-Colonel, *idem*.

Le Baron de Moulignon, Général de brigade, *idem*.

De La Grange, Lieutenant-Colonel, *idem*.

De Carnouville, Capitaine, *idem*.

Edmond Perigord, Capitaine, *idem*.

Simonin, Capitaine, *idem*.

Le Brun, Lieutenant, *idem*.

De Noailles, Lieutenant, *idem*.

Charles-Auguste-François-Maximilien, Baron de Jett, Colonel.

Louis, Baron de Moltke, Lieutenant-Colonel et Aide-de-camp.

Louis de Dillen, Capitaine.

Guillaume de Schütz, Lieutenant.

Fidèle de Baur, Major.

Jean-Conrad de Burgg, Lieutenant d'artillerie.

Frédéric de Thanhausen.

Frédéric de Brandt, Major d'artillerie.

Ferdinand-Frédéric de Bartruff, Capitaine d'artillerie.

Adam de Heel, Capitaine.

Philippe de Kuon, Lieutenant.

Auguste de La Grange, Capitaine.

Frédéric-Charles de Schmid, Capitaine.

François d'Alberti, Lieutenant.

ROYAUME DE WURTEMBERG.

MM.

Louis, Comte DE KONIGSEGG, Lieutenant.
François-Jacques DE BERUDES, Général-Major.
Frédéric DE DOERING, Colonel.
Le Baron FILHIOL DE CAMAS, Colonel d'artillerie au service de France.
MORIO, Général de division au service du Roi de Westphalie.
PROST, Capitaine au service de France.
VINCENT, Chef d'escadron, *idem.*
HAUBOLD DE EINSIEDEL, Major.
Eberhard-Joseph DE PALM, Capitaine.
Charles-Frédéric DE SIEGEL, *idem.*
Charles DE BLUCHER, *idem.*
Edouard HELLMUTH DE MULLER, *idem.*
Charles-Frédéric DE NEROW, *idem.*
Charles-Frédéric DE GAISBERG, *idem.*
Chrétien DE MULLER, *idem.*
Frédéric DE WIRTH, Lieutenant.
Jean WOLFANG DE HOFFMANN, Capitaine.
WOLFGANG DE ZCOCK, Lieutenant.
Chrétien DE BETZLER, Capitaine.
Jean CONRAD DE BANGOLD, Capitaine.
Louis D'OBERKIRCH, *idem.*
Jean THEOBALD DE HUGEL, Lieutenant.
DE HARTISCH, Major.
Frédéric-Louis DE RHEINHARD, Capitaine.
François DE BROCKFELD, Lieutenant-Colonel.
Louis DE WASLEBEN, Général-Major.
Comte LEBRUN, Général-Adjudant de l'Empereur des Français.
Comte MARCHAND, Général de division au service de France.
Baron DE SCHRAMM, Général de brigade, *idem.*

ORDRE DU MERITE MILITAIRE.

MM.

Reynaud, Colonel au service de France.
De Piré, Colonel, *idem.*
De Seganville, Lieutenant-Colonel, *idem.*
De Montcomble, Lieutenant-Colonel, *idem.*
Le Camus, Général de brigade, *idem.*
De Stery, Lieutenant-Colonel, *idem.*
Henri de Arlt, Capitaine.
De Misani, Lieutenant-Colonel.
De Schmidt, Major.
De Theobald, Lieutenant-Colonel.
Albert de Hettler, Capitaine.
Louis-Christophe de Hovel, Major.
Guillaume-Charles-Frédéric de Nettelhorst, Colonel.
De Zinkernagel, Capitaine.
De Schmid, premier Lieutenant.
De Beulwitz, Lieutenant-Colonel.
Comte de la Lippe-Beisterfeld, Lieutenant.
Guillaume de Hohorst, Capitaine.
Charles-Frédéric-Guillaume de Secheler, Général-Major et Adjudant-général.
François-Charles-Frédéric-Auguste d'Etzdorf, Général-Major.
Eugène de Roeder, Colonel.
Benjamin de Secger, Major.
Jean de Simanowitz, Major de place, retiré.
Charles-Frédéric-Louis de Salm, Major.
Eberhard, Comte de Waldbourg-Wurzach, Colonel.
De Kechler, Capitaine.
De Grunberg, *idem.*
De Wund, *idem.*

MM.

De Spaeth, Capitaine
De Bose, Lieutenant.
De Lienhardt, Capitaine.
De Heil, Lieutenant.
De Chapouset, premier Lieutenant.
De Wittinghof, premier Lieutenant.
De Meisrimmel, *idem*.
De Scheidimantel, *idem*.
De Klein, *idem*.
Comte de Beroldingen, Lieutenant-Colonel et Adjudant.
De Bismark, Capitaine.
De Bockel, premier Lieutenant.
De Fan, *idem*.
De Bose, *idem*.
De Ziethen, Lieutenant.
De Schwarz, Lieutenant et Adjudant de brigade.
De Heydenschwerdt, premier Lieutenant.
François de Muller, *idem*.
De Nestel, Lieutenant.
De Bunau, Colonel.
De Wolfskehl, Major.
De Stumpe, *idem*.
Comte de Salm, *idem*.
De Milkau, *idem*.
De Munchingen, *idem*.
De Pollnitz, *idem*.
De Mundorf, *idem*.
De Aigner, Capitaine.
De Herwig, *idem*.

MM.

De Wimpfen, Capitaine.
Comte de Sontheim, Capitaine et Aide-de-camp.
De Secbach, Capitaine.
De Wagner, *idem*.
De Werder, *idem*.
De Hegel, *idem*.
Maurice de Muller, Lieutenant.
De Baumbach, *idem*.
De Knuht, premier Lieutenant.
De Imthurm, *idem*.
De Lenz, *idem*.
De Hoffmann, *idem*.
De Dietrich, *idem*.
De Bregenzer, Lieutenant.
De Barkhausen, Major.
De Moegelin, Capitaine.
De Schutz, premier Lieutenant et Adjudant.
De Abele, premier Lieutenant.
De Schroder, *idem*.
De Wollwarth, *idem*.
De Batz, Lieutenant.
De Troltsch, Capitaine.
De Baur, premier Lieutenant.
De Dangern, Lieutenant.
De Wizleben, *idem*.
De Kauffmann, premier Lieutenant.
De Gelbke, *idem*.
De Tiedemann, *idem*.
De Flemming, Lieutenant.

ROYAUME DE WURTEMBERG.

MM.

De Schiller, Capitaine.
De Haderer, Lieutenant.
De Christin, Capitaine de génie au service de France.
De Hoff, Capitaine.
De Widder, premier Lieutenant.
De Lassberg, *idem*.
De Grouvel, Colonel au service de France.
De Carrivin, Lieutenant, *idem*.
De Cancrin, Lieutenant-Colonel au service du Grand-Duc de Bade.
De Kellenbach, Major.
De Klapp, premier Lieutenant.
De Nausester, Lieutenant.
Dufour, Colonel au service de France.
D'Oberniz, Major.
De Schneider, premier Lieutenant.
Comte De Famigny, Capitaine et Aide-de-camp.
Salomon, Capitaine de l'état-major-général de France.
De Bulon, Capitaine au service de Wurtemberg.
De Monaco, Ecuyer-cavalcadour de l'Empereur des Français
D'Hery, Colonel au même service.
Pieton, Chef d'escadron, *idem*.
Revest, Adjudant-Commandant, *idem*.
Guignard, Chef d'escadron, *idem*.
Girard, Lieutenant-Colonel, *idem*.
Philippe de Segur, Maréchal-de-logis au même service.
De Talhouet, Officier d'ordonnance au même service.
De Seyssel, Maître des cérémonies, au même service.
D'Oettinger, Major au service du Roi de Wurtemberg.
De Moltke, Capitaine au même service.

ORDRE DU MERITE MILITAIRE.

Grand-Chancelier de l'Ordre du Mérite militaire.

S. Exc. M. Charles-Auguste-Louis, Comte DE TAUBE, Ministre d'Etat et du cabinet du Roi, Ministre des relations extérieures et de la Police, Chevalier de l'Ordre Royal de l'Aigle d'or.

Secrétaire et Trésorier de l'Ordre.

M. David-Hermann-Henri DE DUVERNOY, Major, membre du conseil des guerres, porte la petite décoration de l'Ordre.

ORDRE DU MÉRITE CIVIL.

CHAPITRE PREMIER.

L'Ordre du Merite civil de Wurtemberg a été fondé en 1806, par S. M. le Roi Frédéric I.er actuellement régnant.

Le but de son institution est de récompenser d'une manière distinguée ceux des serviteurs de Sa Majesté qui ont bien mérité du Souverain et de l'Etat, dans l'exercice de l'administration civile.

La grande décoration de l'Ordre est un témoignage particulier de bienveillance et de satisfaction que le Roi se réserve d'accorder à ceux de ses sujets qui l'ont bien servi dans les fonctions civiles d'un rang élevé, et qui ne peuvent être admis dans le Grand Ordre Royal de l'Aigle d'or, soit parcequ'ils n'ont pas les qualités requises par les statuts de cet Ordre, soit parceque la volonté du Prince ne s'est pas encore exprimée, pour les porter à une si éminente dignité.

Les Chevaliers de l'Ordre du Mérite civil, qui, dans la suite, sont admis dans le Grand Ordre Royal de l'Aigle d'or, doivent quitter les décorations du premier Ordre pour ne porter que celle du Grand Ordre Royal.

Le Roi seul nomme aux différentes classes de l'Ordre.

Ces classes se composent,

1° De celle des Grands-Croix;
2° De celle des Commandeurs;
3° De celle des Chevaliers.

ORDRE DU MÉRITE CIVIL.

Tous serviteurs du Roi et de l'État, de quelque condition et religion qu'ils soient, peuvent aspirer à être Chevaliers.

Vingt-quatre années de service sans reproche donnent droit à faire au souverain la demande de la croix. Cette demande est d'abord adressée au chapitre général de l'Ordre, qui la soumet ensuite au Roi; lequel prononce définitivement.

Le chapitre général de l'Ordre s'assemble chaque année, le 6 du mois de novembre.

Il dépend néanmoins du Roi d'accorder dans l'intervalle, des décorations, de quelque classe qu'elles soient, si tel est son bon plaisir.

Les grandes décorations et celles de commandeurs ne peuvent se solliciter : c'est au Roi seul qu'il appartient de distinguer ceux de ses sujets qui peuvent les mériter.

Aucune nomination ne peut avoir lieu pendant une minorité de règne.

L'Ordre donne la noblesse personnelle.

Les étrangers sont, comme les serviteurs du Roi, habiles à le recevoir.

La devise de l'Ordre est,

BENE MERENTIBUS.

C'est la même que celle du Mérite militaire.

Les décorations sont aussi les mêmes, à la seule exception que, pour l'Ordre du Mérite civil, le ruban est *noir liséré de jaune;* tandis que, pour l'Ordre du Mérite militaire, le ruban est jaune liséré de noir (voyez les figures de la planche n° 3).

ROYAUME DE WURTEMBERG.

CHAPITRE II.

Grand-Maître et Chef souverain de l'Ordre.

S. M. le Roi DE WURTEMBERG.

CHAPITRE III.

Grands-Croix de l'Ordre d'après l'ancienneté de leur nomination.

LL. Exc. MM.

Georges-Ernest-Levin, Comte DE WINTZINGERODE, Chevalier du Grand Ordre Royal de l'Aigle d'or, ancien Grand-Chancelier des Ordres du royaume, et ancien Ministre d'Etat et du cabinet.

Théophile-Chrétien, Baron DE SPITTLER, Ministre du Roi de Wurtemberg.

Jean-Otto, Baron DE LA LUHE, Chambellan, Conseiller-privé actuel du Roi de Wurtemberg, Président du II sénat de la Haute-Cour de Justice du royaume.

Philippe-Henri, Baron DE REISCHACH, Ministre d'Etat, et Ministre collegue de l'intérieur du Royaume de Wurtemberg.

Frédéric, Baron DE CAMMERER, Feldzeugmeistre pensionné au service de Wurtemberg.

Adolphe, Baron DE ENDE, Ministre d'Etat et de la Justice.

Charles-Louis-Christophe, Baron DE KNIESTEDL, Chambellan, Conseiller-privé actuel, et Grand-Maître des cérémonies.

Comte DE TRUCHSESS-WALDBOURG.

Charles-Frédéric-Théophile, Baron DE VARENBUHLER, Chambellan, Lieutenant-général, Gouverneur de la résidence royale de Louisbourg.

ORDRE DU MERITE CIVIL.

LL. Exc. MM.

Jules-Frédéric, Baron DE LUTZOCO, Chambellan, Conseiller-privé actuel du Roi de Wurtemberg, et Grand-Veneur.

Baron DE GILSA, Grand-Ecuyer de la Reine de Westphalie.

Comte DE WELLINGERODE, Grand-Maréchal du palais du Roi de Westphalie.

Baron DE PFUHL l'aîné, Lieutenant-général du Roi de Wurtemberg, et Commandant de la résidence royale de Stuttgart.

Christophe-Erdmann, Baron DE STEUBE, Chambellan, Conseiller-privé actuel du Roi de Wurtemberg.

Baron DE GEISMAR, Chambellan, Conseiller-privé actuel du Roi de Wurtemberg, Directeur-général des postes du royaume.

Ferdinand, Comte DE ZEPPELIN, Chambellan, Conseiller-privé actuel du Roi de Wurtemberg.

Comte DE BEROLDINGEN, Conseiller-privé actuel du Roi de Wurtemberg, son envoyé extraordinaire et Ministre plénipotentiaire près S. M. l'Empereur d'Autriche.

DE LEYDEN, ancien Président de la seconde section du Conseil-d'Etat de S. M. le Roi de Hollande.

DE VERHUEL, ancien envoyé extraordinaire et Ministre plénipotentiaire de S. M. le Roi de Hollande près S. M. l'Empereur des Français.

Charles-Georges, Baron DE RIEDESEL, Chambellan, Conseiller-privé actuel du Roi de Wurtemberg, Président du Conseil des tailles.

Charles-Adam, Baron DE MUHLENFELS, Chambellan et Maréchal des voyages du Roi de Wurtemberg.

Baron DE EILIENBERG, Général-Lieutenant du Roi de Wurtemberg, Gouverneur de la résidence royale de Louisbourg.

Louis-Hellmuth, Baron DE JASMUND, Chambellan, Ministre d'Etat et des Cultes, au service du Roi de Wurtemberg.

ROYAUME DE WURTEMBERG.

LL. Exc. MM.

Le Comte DE BEAUSSET, Préfet du palais, au service de France.

DE ROMIG, Lieutenant-général au service du Roi de Wurtemberg.

Baron DE HAYN, Chambellan et Général du Roi de Wurtemberg, Vice-Président du Conseil des guerres, Commandeur de l'Ordre Royal de l'Union de Hollande.

Baron DE PFHUL le jeune, Chambellan, Lieutenant-général et Intendant-général du Roi de Wurtemberg.

Comte SCHENK DE CASTELL, Conseiller-privé actuel du roi de Wurtemberg, son envoyé extraordinaire et Ministre plénipotentiaire près S. M. l'Empereur de toutes les Russies.

Charles, Baron DE DILLEN, Lieutenant-général au service du Roi de Wurtemberg, Aide-de-camp-général, Vice-Grand-Ecuyer, Intendant-général des châteaux et jardins, Président du département des bâtimens de la cour.

DE WIMPFEN, Conseiller-privé, premier Chambellan de la Reine de Wurtemberg.

DE VELLNAGEL, Secrétaire d'Etat du Roi de Wurtemberg.

DE WOLLEVARTH, Lieutenant-général.

DE KOSCRIZ Lieutenant-général.

DE SEHECLER, Général-Major et Commandant de la garde royale wurtembergeoise à pied.

CHAPITRE IV.

Commandeurs de l'Ordre d'après l'ancienneté de leur nomination.

MM.

Ferdinand-Guillaume DE WECKHECLIN, Conseiller-privé du Roi de Wurtemberg, membre de la Haute-Cour de Justice.

ORDRE DU MÉRITE CIVIL. 37

MM.

Sixte-Jacques DE KAPFF, Conseiller-privé du Roi de Wurtemberg, Directeur du Tribunal suprême des appels.

Jean-Frédéric DE DUNGER, Directeur de la Chambre suprême des finances du Roi de Wurtemberg.

Jean-Léonard DE PARCOT, Directeur de la Chambre aulique des Domaines du Roi de Wurtemberg.

Chrétien-Frédéric DE OTTO, Directeur du Conseil suprême d'économie du royaume de Wurtemberg.

Baron DE BOTHMER, Chambellan du Roi de Wurtemberg, son envoyé extraordinaire et Ministre plénipotentiaire près la cour royale de Saxe.

Frédéric-Guillaume DE LINDMAN, Chambellan et Colonel au service du Roi de Wurtemberg.

Jean-Henri DE MENOTH, Directeur de la chancellerie du Ministère des relations extérieures, premier Conseiller de ce département, Directeur du Conseil suprême des censures du Roi de Wurtemberg.

Baron DE BIESENRODL, Chambellan, Colonel au service du Roi de Wurtemberg, Grand-Maître de S. A. R. le Prince Paul de Wurtemberg, fils du Roi.

Jean-Baptiste-Martin ARAUD DE ACKERSFELD, Grand-Drossard, envoyé extraordinaire et Ministre plénipotentiaire du Roi de Wurtemberg près la Confédération Helvétique.

Charles, Baron DE SECGER, Colonel-Chef du corps du génie au service du Roi de Wurtemberg.

VAN DEDEL, ancien envoyé extraordinaire et Ministre plénipotentiaire du Roi de Hollande près le Roi de Wurtemberg.

Ferdinand-Auguste DE WECKHERLIN, Conseiller-intime des finances du Roi de Wurtemberg.

Joseph-Frédéric, Baron DE BERLICHINGEN, Chambellan et Grand-Drossard au service du Roi de Wurtemberg.

MM.

De Schmitz Grollenburg, Chambellan et Grand-Drossard.

De Gemmingen, Chambellan, envoyé extraordinaire et Ministre plénipotentiaire près la cour royale de Westphalie.

Comte de Wintzingerode, Conseiller-intime, Chambellan, envoyé extraordinaire et Ministre plénipotentiaire près la cour royale de Bavière.

De Puckler, Chambellan et Grand-Drossard.

De Wimpfen, Général-Major, envoyé extraordinaire et Ministre plénipotentiaire près la cour de S. A. R. le Grand-Duc de Bade.

De Groos, Général-Major, Commandant à Ellwangen.

CHAPITRE V.

Chevaliers de l'Ordre d'après leur ancienneté.

De Reuss, Directeur du Conseil de la Régence suprême.

De Batz, Conseiller-intime de légation et du Tribunal suprême des appels.

De Wucherer, Conseiller intime de légation au département des relations extérieures.

De Boger, Colonel et membre du Conseil des guerres.

De Elsasser, Conseiller au Tribunal suprême des appels.

De Eysenbach, *idem.*

De Kolle, *idem.*

De Hayd, Conseiller de la Haute-Cour de Justice.

De Wachter, Conseiller de la Régence suprême.

De Konig, Conseiller de la Haute-Cour de Justice.

De Roell, Conseiller de la Régence suprême.

De Mohl, Conseiller-intime de cour.

ORDRE DU MERITE CIVIL.

MM.

De Baer, Conseiller du Consistoire suprême.

De Jacger, Conseiller de régence et Procureur de la Chambre suprême des finances.

De Flattich, Conseiller de cour et des finances.

De Seubert, *idem.*

De Pfaff, Conseiller-intime des finances, et Caissier-général.

De Mylius, Conseiller de cour et des finances.

De Knapp, Conseiller de cour et d'économie.

De Weisser, Conseiller-intime des finances.

De Susskind, Conseiller-intime des finances.

De Startmann, Conseiller intime des finances.

De Fromann, Conseiller de régence.

De Duvernoy, Conseiller de régence, et premier Médecin du corps.

De Klein, Conseiller de régence, et second médecin du corps.

De Vischer, Colonel et Directeur des arsenaux.

De Hicmer, Conseiller de cour et Grand-Baillif à Schorndorf.

De Kielmann, Docteur en médecine.

De Praslin, Chambellan de S. M. l'Empereur des Français.

De Montguyon, au service de France.

Dumanoir, *idem.*

Dufresne, Inspecteur aux revues, au service de France.

Le Duc, Commissaire des guerres au même service.

De Flander, Médecin de la cour, et premier Physicien à Louisbourg.

De Becher, Auditeur et Quartier-maitre.

De Georgi, Major et Auditeur-général.

De Braun.

De Neuffer, Colonel.

De Villaume, Chirurgien en chef au service de France.

De Constantin, Chirurgien-Major au service de France.

ROYAUME DE WURTEMBERG.

MM.

De Schunter, Chrurgien-major au service de France.

De Plitt, Conseiller-intime de légation du Roi de Wurtemberg, son Ministre plénipotentiaire près le Prince Primat de la Confédération du Rhin.

De Rheinwald, Major, et membre du Conseil des guerres du Roi de Wurtemberg.

De Garnier, Chirurgien du corps du Roi de Westphalie.

De Roemer, Commissaire-général des guerres, et membre du susdit Conseil.

De Kapf, Auditeur en chef.

De Klett, Auditeur.

De Roeder, Chambellan et Colonel.

De Bartruff, Major du génie.

De Hardegg, Médecin du corps.

De Moegling, Conseiller de légation, et Secrétaire-intime.

De Jacobi, Médecin de la cour, et Chirurgien-général de l'armée.

De Schmidlin, Directeur du Consistoire suprême, et Conseiller de régence.

De Woelling, Chambellan, Major, et membre du Conseil des guerres.

De Brenning, Conseiller de la Haute-Cour de Justice.

De Buhler, Conseiller-intime de la Régence suprême.

De Tscheppe, Conseiller de cour et des finances.

De Schnurrer, Prélat du royaume, et Chancelier de l'Université de Tubingen.

De Keller, Prélat du royaume, et Conseiller du Consistoire suprême.

De Suskind, Prélat du royaume et du Grand Ordre de l'Aigle d'or, Grand-Aumônier de la cour, membre du Consistoire suprême de censure et de la Direction des études.

De Pfleiderer, Prélat du royaume.

ORDRE DU MERITE CIVIL.

MM.

De Pfleiderer, Professeur de l'Université royale wurtembergeoise.
De Maier, *idem*.
De Plouquet, *idem*.
De Kielmayer, *idem*.
De Bernard, Conseiller intime de cour, et Inspecteur-général des jardins royaux, au service du Roi de Wurtemberg.
De Reuss, premier Médecin du corps.
De Reuss, second Médecin du corps.
De Jagger, Conseiller de régence et Grand-Archiviste.
De Gmelin l'aîné, Professeur de l'Université royale wurtembergeoise.
De Gmelin le jeune, *idem*.
De Ritter, Conseiller forétal.
De Jagger, *idem*.
De Muller, Professeur et Graveur en taille-douce de la cour.
De Hetsch, Professeur et Peintre de la cour.
De Danecker, Professeur et Sculpteur de la cour.
De Thouret, Architecte de la cour.
De Saudberger, Grand-Baillif pensionné.
De Bruckmann, Architecte du royaume.
De Cless, Diacre à Schorndorf.
De Werckmeister, Conseiller ecclésiastique catholique, membre du Conseil suprême de censure.
De Zinner, Inspecteur aux salines.
De Brietschwerdt, Chambellan et Grand-Drossard à Calw.
De Bander, Surintendant ecclésiastique à Sultz.
De Sezer, Conseiller de cour, et ci-devant Grand-Baillif à Weinsperg.
De Feuerbach, Conseiller-intime de légation au département des relations extérieures.
De Hartmann, Conseiller de légation.

MM.

De Koch, Conseiller de cour et Grand-Baillif à Altdorf.
De Dizinger, Grand-Baillif de Stuttgart.
De Wesserer, Colonel.
De Koelreuter, Chirurgien en chef.
De Fahnenberg, Grand-Maître des forêts.
De Camerer, Conseiller de la Régence supérieure.
De Guillabert, Commissaire des guerres au service de France.
De Matthison, Conseiller de légation.
De Scherer, Chirurgien d'hôpital.

CHAPITRE VI.

Grand-Chancelier de l'Ordre.

S. Exc. M. Charles-Louis-Auguste, Comte de Taube, Ministre d'Etat et du cabinet du roi de Wurtemberg, Ministre des relations extérieures et de la police, Grand-Chancelier des Ordres du royaume, Chevalier de l'Ordre Royal de l'Aigle d'or, et Grand-Croix du Mérite civil de Wurtemberg, Grand-Croix de l'Ordre Royal de l'Union de Hollande.

Secrétaire de l'Ordre et Trésorier.

M. Frédéric-Henri Wolfgang de Moegling, Conseiller de légation, Secrétaire-intime du cabinet du Roi, Chevalier de l'Ordre du Mérite civil, en fait les fonctions.

FIN de la première livraison,
contenant les ordres civils et militaires du royaume de Wurtemberg.

OBSERVATION.

Cet ouvrage paraît par livraison; il comprend tous les ordres civils et militaires existants en Europe.

L'auteur est redevable de tous ses matériaux aux Rois et Princes souverains, qui ont daigné les lui faire remettre par l'entremise de leurs Ambassadeurs et Ministres à Paris.

Décoration du grand ordre Royal de l'Aigle d'or de Wurtemberg

Plaque et Collier du grand ordre Royal de l'Aigle d'or de Wurtemberg

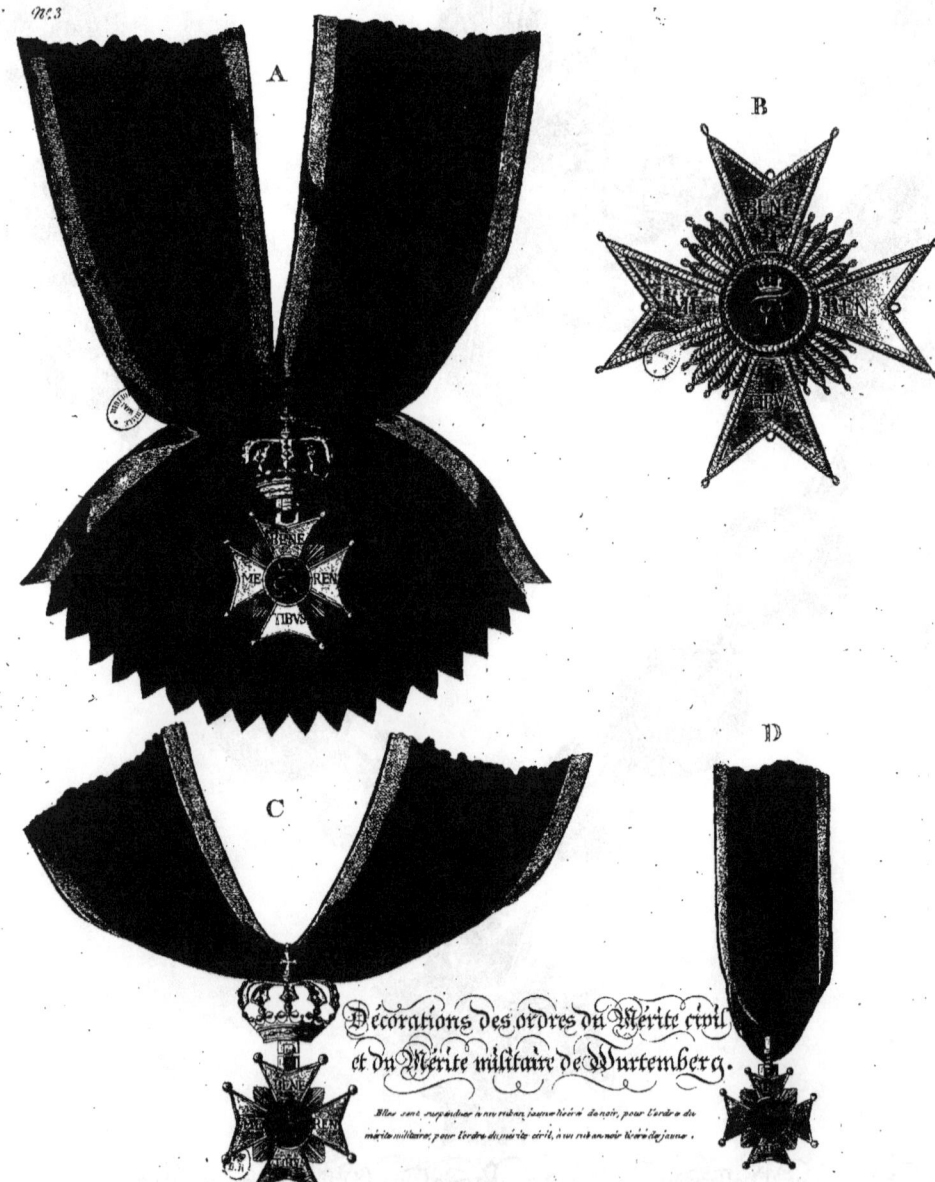

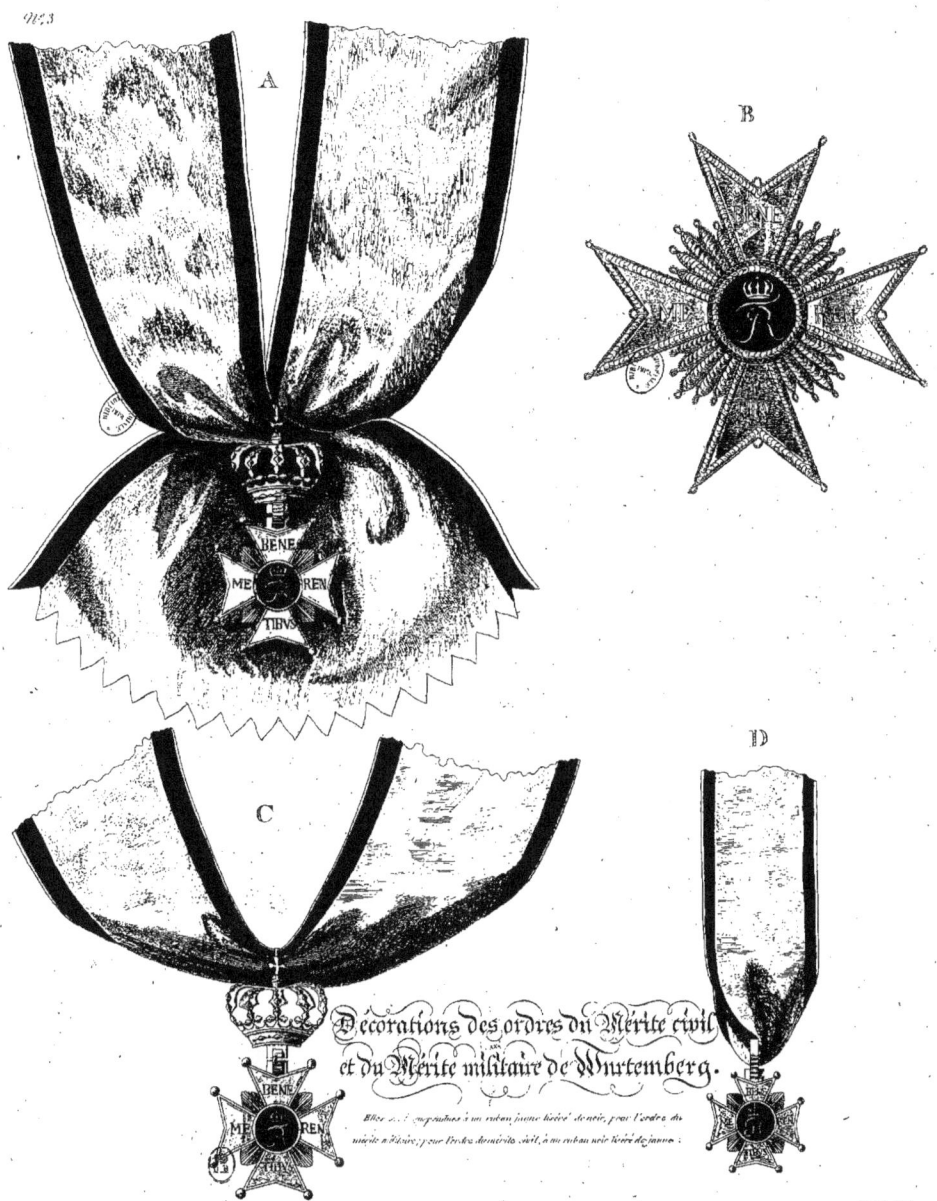

Décorations des ordres du Mérite civil et du Mérite militaire de Wurtemberg.

www.ingramcontent.com/pod-product-compliance
Lightning Source LLC
Chambersburg PA
CBHW070712050426
42451CB00008B/617